I FUSIBILI – MODELLI COMMERCIALI

In commercio esistono centinaia di modelli, dimensioni, forme e correnti di riferimento. Il fusibile è un componente elettrico di protezione che viene montato in tutti gli impianti elettrici come componente di protezione, infatti ci protegge da cortocircuiti. Ma come funzionano i fusibili?
Semplicissimo! I fusibili che siano in vetro, ceramica, plastica etc. Hanno un contenitore esterno, che ne dà la forma e il colore, poi internamente però la tecnologia è sempre la stessa. Abbiamo infatti una striscetta di materiale conduttore, che ci permette di far scorrere gli elettroni ed alimentare il nostro utilizzatore. Possiamo infatti alimentare luci led, motori, lampade alogene, e circuiti elettronici in genere. Il fusibile generalmente va inserito sul polo positivo del cavo di alimentazione, al passaggio della corrente il fusibile non si oppone, ma ove si superi la soglia di scheda tecnica dello stesso si surriscalda la lamina conduttiva, salgono le temperature, diventa incandescente fino a quando non si brucia. Bruciandosi interrompe il circuito, cioè ci ha protetto la nostra carica da un sovraccarico.

Esempio:
Abbiamo un motore elettrico + una batteria a litio
Per alimentare il nostro motore elettrico che massimo può assorbire 50Apere cosa dobbiamo fare? Andiamo a mettere un fusibile di 50Amp come dato di targa, cosi ogni corrente extra verrà percepita dal fusibile come oltre lo standard e si andrà a bruciare. È possibile utilizzare anche fusibili con valori inferiori a quello di massimo riportato nel dato di targa del motore o utilizzatore, per esempio uno da 10AMP/20AMP/30AMP etc. Cosa succede ove si utilizzi valori inferiori? Che se il tuo motore ha una necessità di corrente oltre la soglia del fusibile quest'ultimo si brucia, anche se il motore nello specifico può anche andare ben oltre i 10 o 20 AMPERE. Questo succede se il nostro motore è installato per esempio su una bici elettrica, in una percorrenza standard senza salite, pendenze abbiamo per esempio un assorbimento di corrente di 20AMPER, quando iniziamo a fare la salita, e più alta è questa più farà fatica il motore a spingerti e più sarà la richiesta di corrente si può arrivare anche oltre i 50° per esempio di scheda tecnica del motore. Come hai capito questi sbalzi di corrente non fanno bene ai cavi se mal dimensionati, e nemmeno alle schede delle batterie litio, ma vale uguale alle batterie al piombo o gel, che tutte vantano altissime correnti di Impulso anche oltre i 200/300AMPERE.

Questo esempio vale anche in un impianto fotovoltaico dove come giusta regola va posizionato un fusibile in ingresso e uscita dal regolatore di carica, cosi da proteggere sia a monte che a valle di esso. I fusibili vengono utilizzati nelle auto, moto, scooter tradizionali, li troviamo anche in prodotti di qualità come elettrodomestici, bici elettriche, scooter elettrici, TV, monitor, computer e tanto altro. Lo scopo è sempre quello di protezione del circuito a valle del fusibile, anche se funzionano a bassa, media o alta tensione. Infatti nelle TV e utilizzatori a 230v i fusibili sono dimensionati per correnti basse anche **mA** (milliampere) e lavorano in maniera precisa.
Più è alta la tensione, meno sarà la corrente che avremo nel nostro impianto, viceversa nel caso di impianti a bassa tensione vedi 12v delle auto! Li i fusibili hanno valori molto alti di corrente, come per esempio 5-10-20-30-50-100AMPERE. Se poi andiamo anche sul settore AUDIOFILO, dunque amplificatori, batterie ad alte prestazioni le correnti superano abbondantemente anche i 200/300AMPERE

FUSIBILI DI ALTI AMPERE

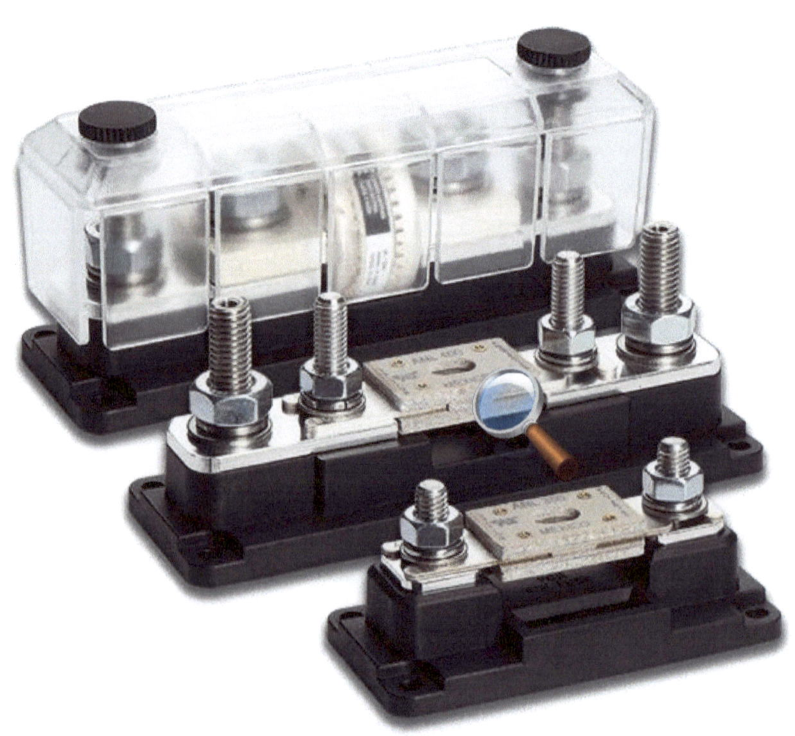

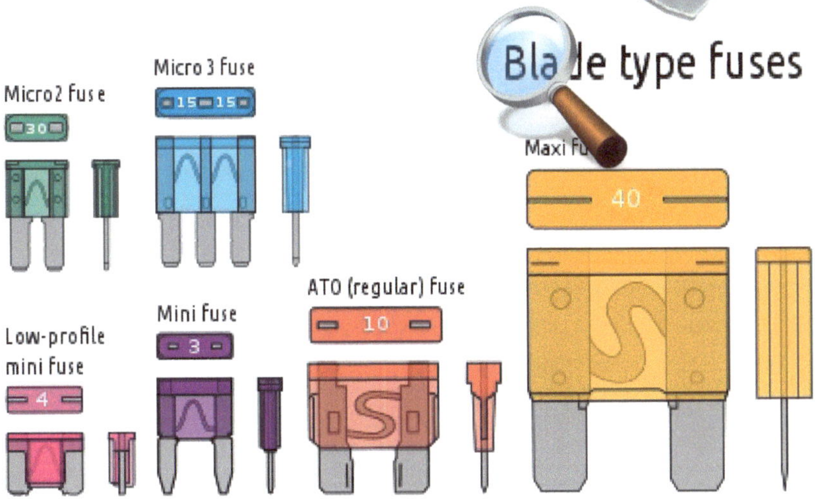

FUSIBILI BASSI AMPERE

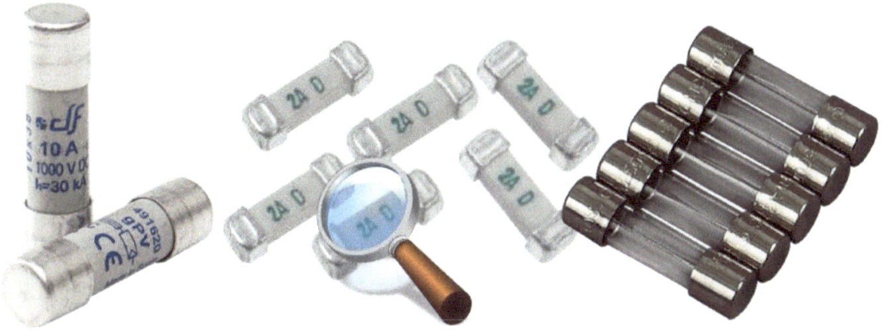

Visti alcuni modelli di fusibile che puoi reperire facilmente in un qualsiasi negozio di elettricità/elettronica passiamo ad analizzare il funzionamento. Questi sono componenti USA e GETTA, appunto perché quando entrano in funzione si bruciano e non potranno più essere riutilizzati. Esistono poi un'altra categoria di fusibile, più complessa e utilizzata in applicazioni particolari, sono appunto i fusibili auto ripristinanti. Tali componenti si utilizzano nella stessa maniera dei fusibili che stiamo analizzando in questi fascicoli, con la sola differenza che la lamina interna dopo un periodo di "riposo" torna nuovamente in posizione di partenza. Ritornando in posizione permette nuovamente al circuito di funzionare come da standard, e ovviamente il suo funzionamento si ripeterà per più e più volte. Questo ti andrà a far risparmiare la noia di sostituire i fusibili manualmente, l'acquisto degli stessi, e di restare "al buio" con la strumentazione che proteggeva.

Ovviamente però il costo di un fusibile normale è davvero davvero basso, invece quelle auto ripristinanti che sono in categoria speciale sono molto più alti. Un 'esempio di protezione ai cortocircuiti che si auto ripristina o meglio che ti protegge ma poi si può andare a farla rifunzionare è il nostro salvavita in appartamento o garage. Questo cosa fa? Scatta appena capta un sovraccarico o un cortocircuito, ma ovviamente la riattivazione non è automatica per questioni di sicurezza dovrai tu andare a riarmare l'interruttore e far scorrere nuovamente energia al tuo impianto (dopo aver eliminato ovviamente la causa del malfunzionamento che ha fatto scattare il salvavita).

Se vuoi più info sul funzionamento del salvavita di casa tua, ti voglio ricordare che è disponibile un fascicolo tutto dedicato a lui. Troverai info, nozioni tecniche e tanti consigli sull'uso.

FUSIBILI AUTORIPRISTINANTI

DIY GFELETTRONICA
GUIDE TECNICHE
OLTRE 500 FASCICOLI PDF
GFELETTRONICA LED

FOTOVOLTAICO & ENERGIE ALTERNATIVE
CNC & LASER - LAVORAZIONE MATERIALI
LED TECNOLOGY
BATTERIE LITIO 18650
ELETTRONICA & ELETTRICITA

DIY GFELETTRONICA
Pacco Batteria 8s

DIY GFELETTRONICA
Le Celle 18650

DIY GFELETTRONICA
Pacco Batteria 2s

QUALI COMPONENTI
QUALE SCHEMA ELETTRICO
STEP PER LA COSTRUZIONE
TEST E USO BATTERIA
CONSIGLI TECNICI SPECIFICI
NOZIONI BASE & SPECIFICHE

NECESSITI DI UNA GUIDA SU
MISURA PER LE TUE NECESSITA?
INVIA UNA RICHIESTA ALLA NOSTRA
E-MAIL: GF.ELETTRONICA@LIVE.IT

WWW.LEDLIGHT-SHOP.IT   GFELETTRONICA   GF.ELETTRONICA@LIVE.IT

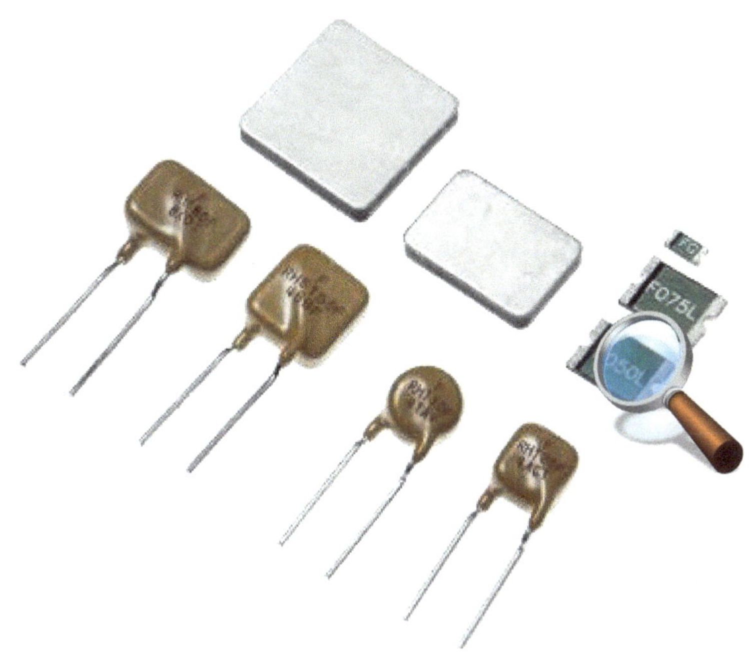

SUPER FUSIBILE 500A

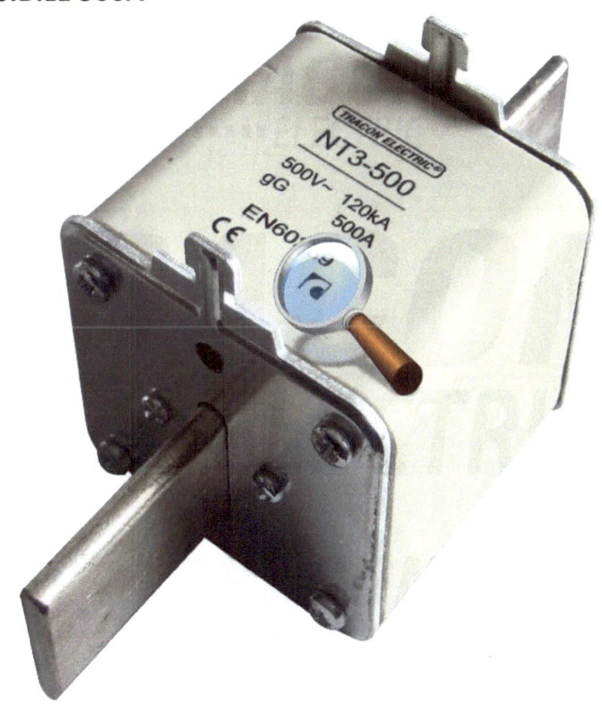

SCHEMA ELETTRICO CON L'USO DEL FUSIBILE

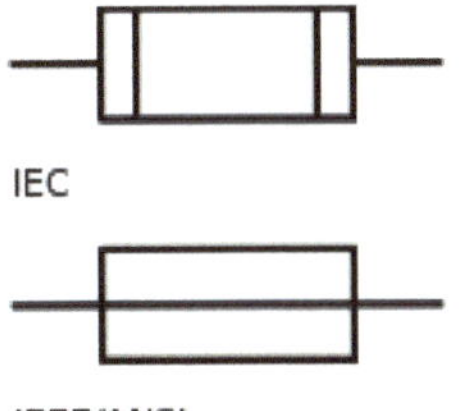

IEC

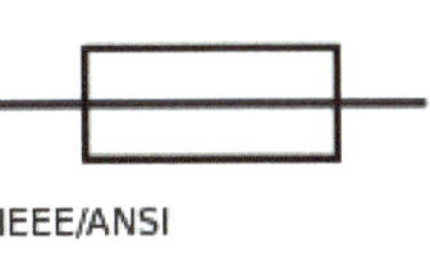

IEEE/ANSI

IEEE/ANSI

Il Simbolo elettrico del fusibile varia in base ai modelli, questi tre sono un esempio pratico. Varia anche dalla simbologia corrispondente alle

Institute of Elettrica and Electronics Engineers,

International Electrotechnical Commission

American National Standards Institute.

SCHEMA ELETTRICO CON FUSIBILE

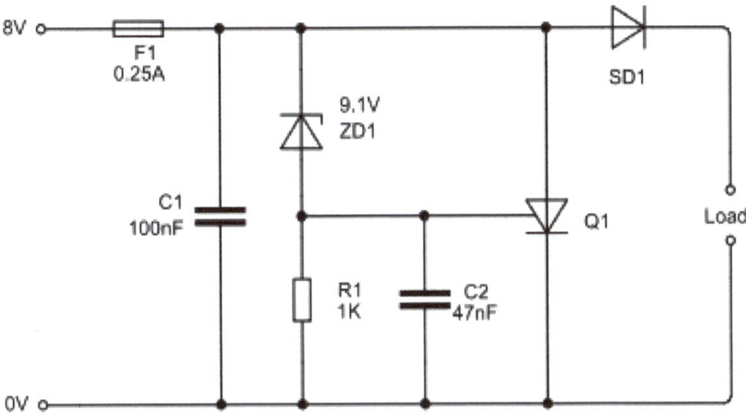

Questo è un banalissimo schema elettrico dove trovi il fusibile, come vedi e come già detto in precedenza vanno inseriti sui poli POSITIVI di alimentazione dei circuiti, che siano circuiti elettrici o elettronici (PCB). In questo schema il fusibile è il componente chiamato F1 da 0.25AMP. La tensione di funzionamento di tutto il circuito è di 8v e la potenza massima permessa al carico è di 2w. Ove il carico o il circuito a valle del fusibile abbia un assorbimento oltre questi 0.250mA il fusibile si brucia, proteggendo il tutto in maniera automatica. Se utilizzato un fusibile auto ripristinante il tutto si riavvierà dopo poco (ove non ci sia ancora il cortocircuito a valle) o se è un fusibile standard va sostituito con uno nuovo con uguali caratteristiche elettriche.

DIY GFELETTRONICA
MINI Isola con LED
GFELETTRONICA
LED
QUALI COMPONENTI
QUALE SCHEMA ELETTRICO
STEP PER LA COSTRUZIONE
TEST E USO BATTERIA
CONSIGLI TECNICI SPECIFICI
NOZIONI BASE & SPECIFICHE
AURORA
Guida TECNICA per la realizzazione di un
Piccolo Impianto fotovoltaico
ad accumulo per luci giardino+ batteria Litio
WWW.LEDLIGHT-SHOP.IT
RISPARMIA 3,50€ SU QUESTA GUIDA
CODICE PROMO A TE RISERVATO
- SNCL19 -

CONNETTORI INNESTO

I connettori ad innesto sono uno standard nel mondo dell'elettronica, domotica e del fai da te in generale, in linea con le normative vigenti, questi connettori possono essere utilizzati in bassa tensione, o per alcuni modelli anche in media e alta tensione. Al variare delle correnti di spunto dovrà ovviamente variare il modello di connettore, poiché più è alta la corrente più dovrà essere lo spessore della parte metallica di connessione.

Il 90% dei connettori in commercio è formato da un corpo plastico/abs con nella parte interna due poli conduttivi, che siano POSITIVO che NEGATIVO.

Cosa cambia?

Cambia la forma dei connettori stessi, Ci saranno i Femmina e i Maschio, e la loro unione sarà garantita dalla struttura plastica oltre che dal metallo dei poli che si auto innestano a pressione.

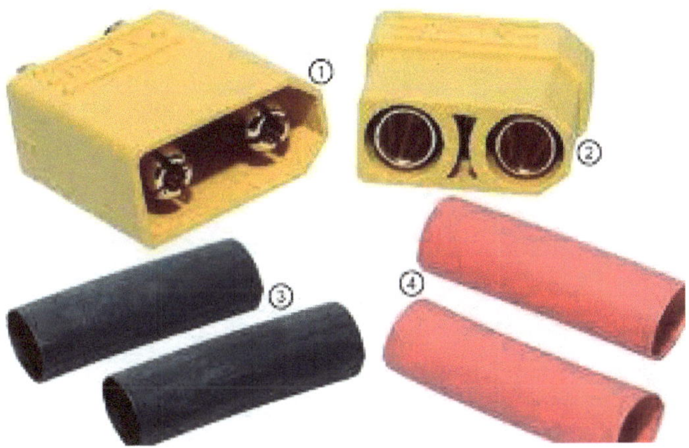

Questo è un esempio di connettore ad innesto, forse il più utilizzato in robotica, droni, e batterie litio. È uno di una serie di connettori simili nella forma ma come abbiamo detto differente nelle prestazioni e dimensioni.

La famiglia è quella degli XT

Abbiamo infatti Xt30 – Xt60 – Xt90

Un altro componente importante per innestare e chiudere per bene un "polo elettrico" è la guaina termoretraibile, che ovviamente dovrebbe essere di colore ROSSO o NERO in base al poso saldato.

I cavi elettrici vanno saldati ai due poli del connettore, mi raccomando di effettuare saldature ottime, ne vale del risultato finale e della durata del cavo stesso. Oltre che se uno dei due poli si dovesse staccare andrebbe immediatamente a fare cortocircuito con il polo opposto a pochi millimetri di distanza.

CONNETTORE A INNESTO COMMERCIALI

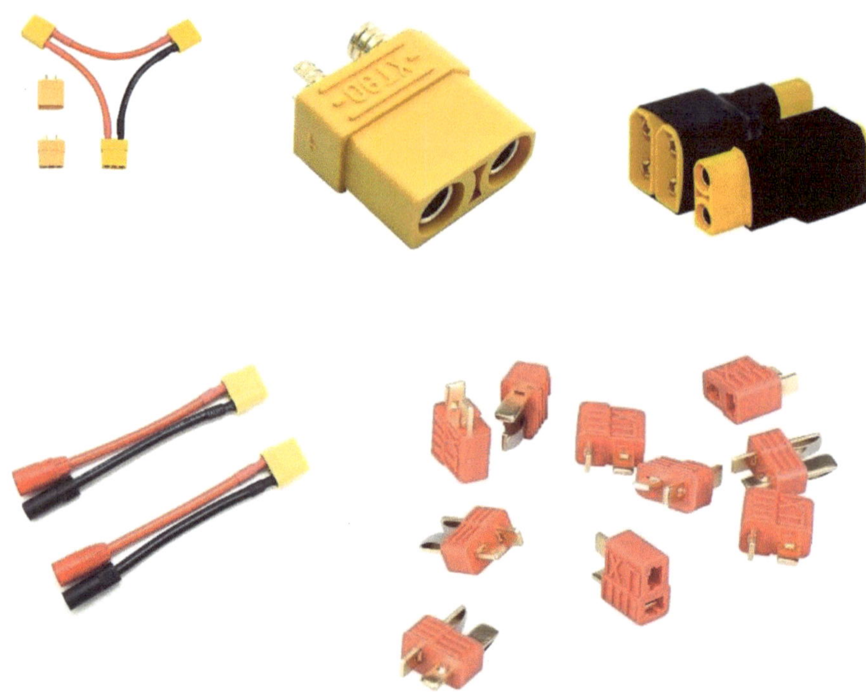

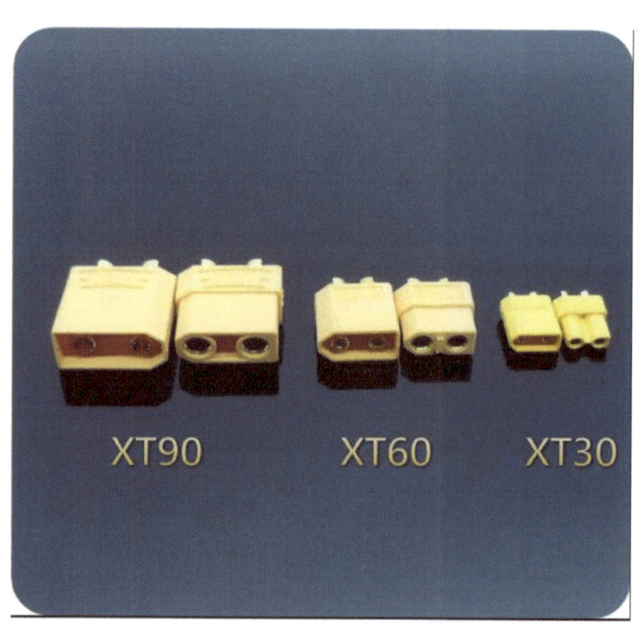

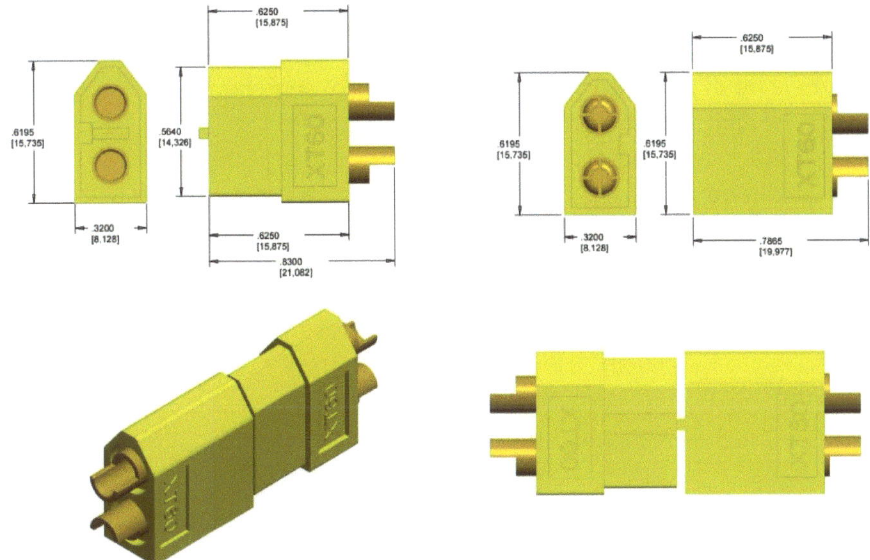

Consigli utili sulla scelta:

I consigli pratici sulla scelta di un paio di connettori ad innesto sono 3, il primo consiglio è quello di andare a cercare le varie schede tecniche dei vari modelli, così da avere un'idea effettiva sulle reali potenzialità del connettore. Un dato importante è quello dell'isolamento e della corrente massima. Consiglio due è quello di sovradimensionare sempre i connettori nel tuo impianto, ciò se il tuo motore ha un assorbimento di 50 A massimi cerca di installare un connettore ad innesto che abbia da scheda tecnica oltre i 70Ampere,così da non avere problemi di surriscaldamento o altri problemi tecnici derivati da una cattiva conducibilità (il motore se il connettore è piccolo non avrà mai i 50Ampere richiesti in etichetta).Prendo in considerazione la famiglia XT perché è quella che ha un rapporto qualità prezzo più alto, molto buona come qualità costruttiva anche se ovviamente hanno un costo che supera altri modelli "economici".

Caratteristiche dei 3 modelli:

Il Modello XT30 ha MAX **30AMPERE** di portata

Il Modello XT60 ha MAX **60AMPERE** di portata

Il Modello XT90 ha MAX **90AMPERE** di portata

Connettori media e bassa potenza

Questa serie di connettori anche essi ad innesto sono però utilizzati per andare ad alimentare carichi di medio/bassa potenza. Infatti una buona parte non supera una portata di 2Ampere
I connettori media bassa portata sono utilizzati su BMS e schede di bilanciamento di carica, questi connettori usualmente connessi a Bms di vario modello hanno il compito di ricaricare in maniera bilanciata i pacchi batterie con correnti basse (nel caso di pacchi batterie di piccole dimensioni).

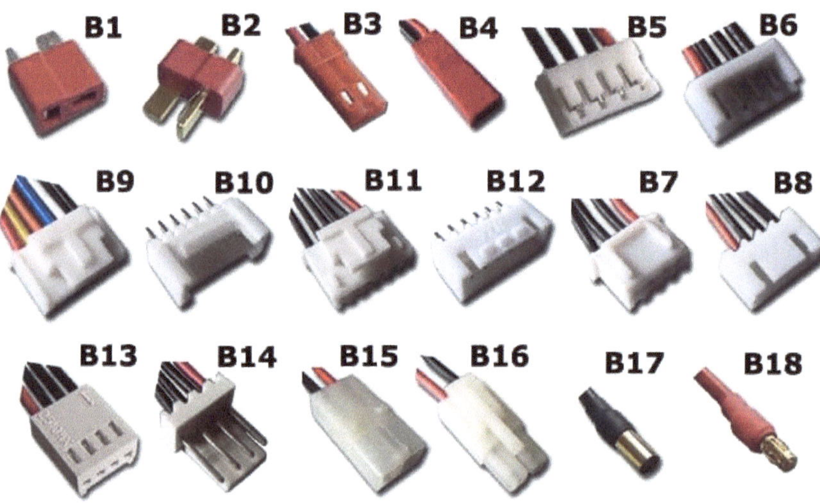

Connettori ad alte prestazioni

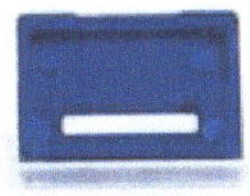

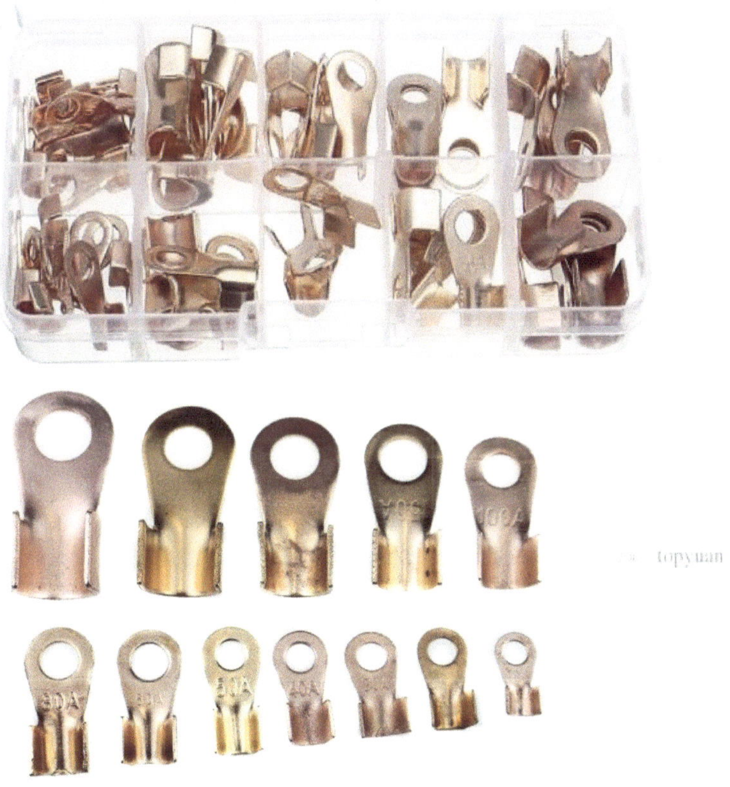

Questa alternativa di connettore non è un vero e proprio connettore ad innesto, ma possiamo ugualmente integrarlo in questo piccolo manuale poiché per corretti alte sono la migliore soluzione. Infatti arrivano anche a oltre 500AMPERE di scarica continua. Anche questi vanno saldati in maniera corretta e isolati con guaina termoretraibile, l'installazione va fatta con bulloni e dadi di adeguato diametro per una conducibilità ottimale.

Raccomandazioni Finali

Si raccomanda l'uso di questi connettori solo se il tuo sistema è compatibile con un sistema Plug, i cavi devono essere saldati e isolati per evitare infiltrazione di acqua e vapori. Non invertire la polarità al momento della saldatura ATTENZIONE può provocare cortocircuiti nel circuito o nella batteria. Testare il connettore saldato prima della connessione alla batteria.

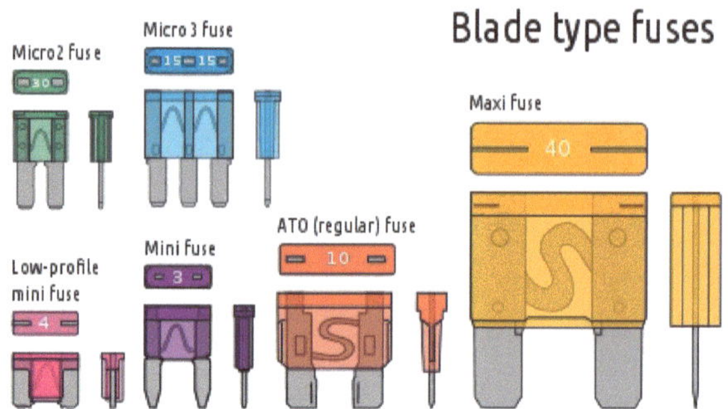

Schema colori (per mini e medium):

Colore	Portata
Nero	1A (solo medium)
Grigio	2A
Viola	3A
Rosa	4A
Arancio	5A
Marrone	7.5A
Rosso	10A
Blu-Azzurro	15A
Giallo	20A
Trasparente	25A
Verde	30A
Verde-Blu	35A (solo medium)
Ambra	40A (solo medium)

Colori fusibili dimensione grande

Colore	Portata
Giallo	20A
Grigio	25A (poco usato)
Verde	30A
Marrone	35A (poco usato)
Arancio	40A
Rosso	50A
Blu-Azzurro	60A
Arancio	70A
Trasparente	80A
Viola	100A

FUSIBILI TERMICI

Esistono anche i fusibili termici, che come dice anche la parola stessa TEMPERATURA. Questi fusibili scattano non con il variare della corrente nel filamento interno ma con l'aumentare della temperatura del componente da tenere sotto controllo. Per esempio abbiamo un motore elettrico che non deve andare oltre i 50°C, andiamo a inserire un fusibile termico sul polo positivo di alimentazione e questo si brucerà o meglio andrà ad aprire il circuito (proteggendo il motore) da una temperatura oltre quella da Scheda tecnica. Un ulteriore uso può essere su l'uso di resistenze elettriche per il riscaldamento, superata una soglia di temperatura il circuito viene interrotto, viene tolta corrente alle resistenze cosi da stare sotto la soglia limite.

I fusibili termici sono anche chiamati TCO vanno da circa 50 a 300°C, esistono anche per questo modello di fusibile dei tipi ripristinabili, forzando manualmente la lamina in posizione di lavoro e non AUTO ripristinanti come nel passato modello.

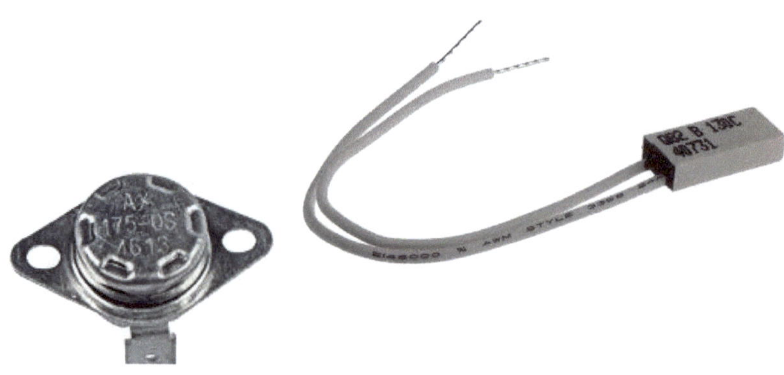

722160
700580
722006

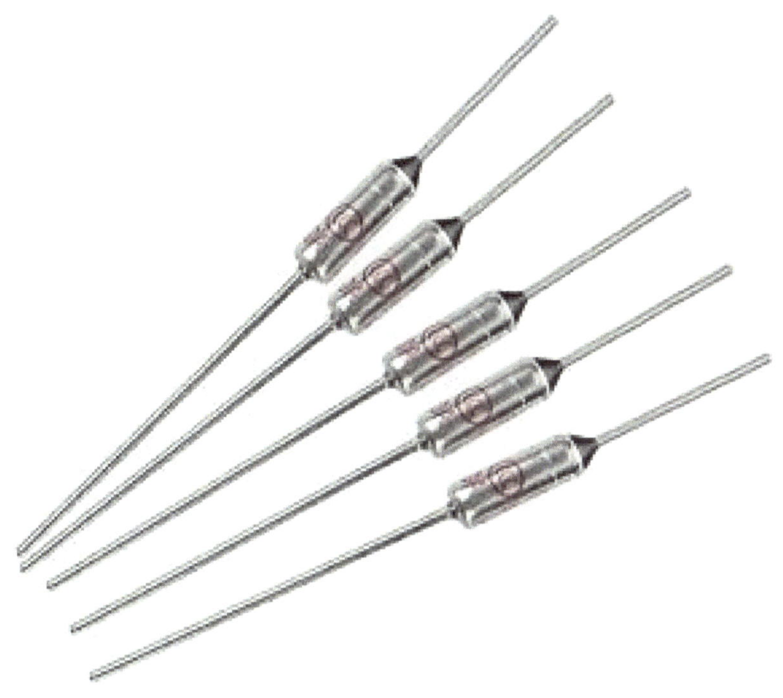

Soluzioni commerciali di facile uso,fusibili Standard

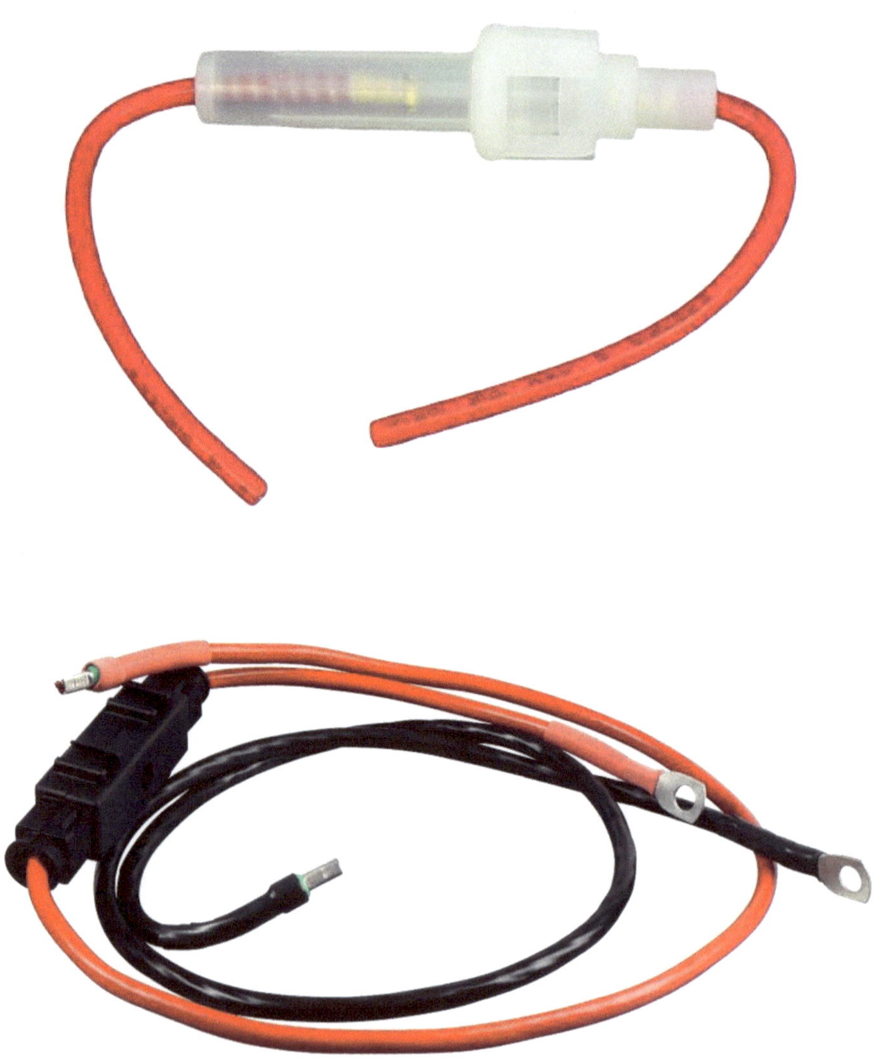

DIY GFELETTRONICA
MOTORE E CONTROLLER

- SCHEDE TECNICHE
- INFORMAZIONI E QUOTE
- GRAFICI E FOTO
- IMPIANTO IN ALTERNATA AC
- FASCICOLO NUMERO 1
- MOTORE RT144

Speciale Auto

ELETTRICHE

DIY GFELETTRONICA
Celle Fotovoltaiche
GFELETTRONICA
LED
MODELLI/POTENZE
COME FUNZIONANO
COME SONO PRODOTTE
INFORMAZIONI UTILI
TEST ED EFFICIENZA
NOZIONI BASE & SPECIFICHE
WWW.LEDLIGHT-SHOP.IT   GFELETTRONICA   GF.ELETTRONICA@LIVE.IT

Questa guida finisce qui, ti invito a lasciare un Feedback positivo 5 stelle e magari una foto, con un tuo commento su Amazon!
Non dimenticare che puoi trovare più fascicoli anche di altre tematiche direttamente Online, spedizione veloce e gratuita grazie ad Amazon Prime!

E ricorda che gli unici fascicoli GFE sono questi!

9 781670 319555